Contraste insuffisant
NF Z 43-120-14

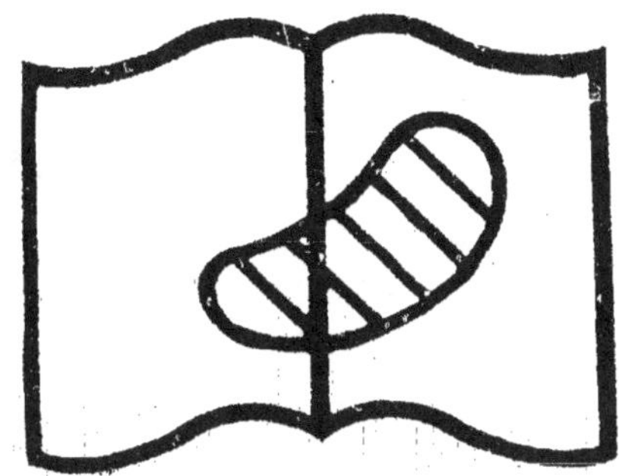

Illisibilité partielle

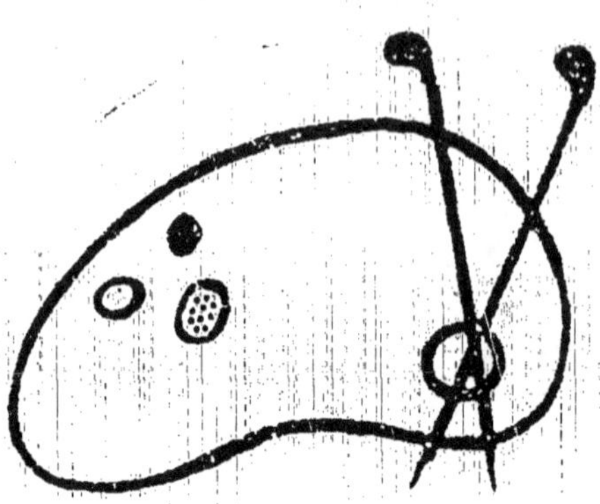

Début d'une série de documents
en couleur

PUBLICATION TRIMESTRIELLE

REVUE

DE

PHILOLOGIE

DE

LITTÉRATURE ET D'HISTOIRE ANCIENNES

NOUVELLE SÉRIE

continuée sous la direction de

O. RIEMANN ET ÉM. CHATELAIN

ANNÉE ET TOME X, 1re LIVRAISON
Janvier, Février, Mars 1886.

Tirage à part.

ÉM. CHATELAIN

Fragments d'Asper d'après le palimpseste de Corbie.

PARIS
C. KLINCKSIECK, LIBRAIRE DE L'INSTITUT DE FRANCE
11, RUE DE LILLE, 11.

1886

LIBRAIRIE C. KLINCKSIECK

11, rue de Lille, à PARIS

PUBLICATIONS NOUVELLES

HISTOIRE DE FRANCE, principalement pendant le seizième et le dix-septième siècle, par Léopold DE RANKE, traduction de J. J. PORCHAT, continuée par C. MIOT. Tome IV (Gouvernement de Mazarin. — La Fronde. — Dix premières années du gouvernement personnel de Louis XIV). Volume in-8°. Prix.. **5 fr.**

L'IDÉAL DE JUSTICE ET DE BONHEUR et la vie primitive des peuples du Nord dans la littérature grecque et romaine, par A. RIESE; ouvrage traduit de l'allemand par F. GACHE et J. S. PIQUET. Augmenté de notes par l'auteur et les traducteurs. Brochure petit in-8°. Prix.. **2 fr. 50 c.**

CICÉRON ET SES ENNEMIS LITTÉRAIRES ou le *Brutus*, l'*Orator* et le *De optimo genere oratorum*, précédé d'une préface de M. O. JAHN et suivi du texte annoté du **De optimo genere oratorum**; par *F.* GACHE et J. S. PIQUET. Brochure petit in-8°. Prix.................... **2 fr.**

RES GESTÆ DIVI AUGUSTI, d'après la dernière recension et avec l'analyse du Commentaire de M. Th. MOMMSEN; par C. PELTIER, sous la direction de R. CAGNAT. Brochure petit in-8°. Prix............... **2 fr.**

BULLETIN DE LA SOCIÉTÉ NATIONALE DES ANTIQUAIRES DE FRANCE, année 1885. In-8° avec figures. Prix.......... **8 fr.** Abonnement pour **1886** (4 livraisons trimestrielles) : Paris : 8 fr.; Départements : 9 fr.; Union postale : **10 fr.**

MÉMOIRES DE LA SOCIÉTÉ NATIONALE DES ANTIQUAIRES DE FRANCE, vol. XLV (5° série, tome V, avec le **Bulletin de 1884**). In-8° avec planches et figures dans le texte. Prix............ **12 fr.**

NOTICES ET EXTRAITS DES MANUSCRITS DE LA BIBLIO-THÈQUE NATIONALE et autres Bibliothèques, publiés par *l'Institut national de France*, tome XXVII, 1re partie, fascicule 1 : **Inscriptions sanscrites du Cambodge**, par A. BARTH. Volume in-4°, avec atlas de 17 planches grand in-folio, cartonné. Prix .... **20 fr.**

CORPUS INSCRIPTIONUM SEMITICARUM ab Academia Inscriptionum et Litterarum Humaniorum conditum atque digestum. Pars I : Inscriptiones Phoenicias continens. Fasciculus 3. In-4° avec atlas (pl. 37-49). In-fol. cart. Prix........................ **37 fr. 50 c.**

RECUEIL DE DOCUMENTS relatifs aux travaux de la **Commission de l'Ethnogénie de l'empire russe,** instituée par la Société d'Ethnographie de Paris, fascicules 1 et 2. In-8°. Prix.................. **5 fr.**

REVUE DE PHILOLOGIE, DE LITTÉRATURE ET D'HIS-TOIRE ANCIENNES (avec la **Revue des Revues** et publications d'Académies relatives à l'Antiquité classique). Nouvelle série, continuée sous la direction de O. RIEMANN et E. CHATELAIN, année et tome IX (1885). Gr. in-8°. Prix.. **24 fr.** Abonnement pour **1886** (4 livraisons trimestrielles) : **24 fr.**; Départements : **25 fr.**; Union postale : **27 fr.** — *Aucune livraison n'est vendue séparément.*

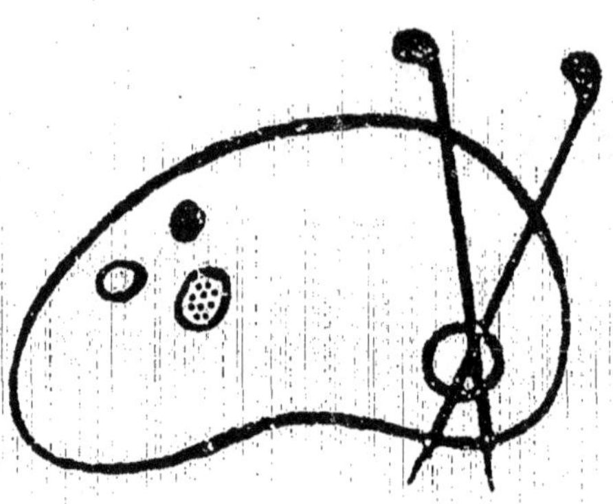

Fin d'une série de documents
en couleur.

FRAGMENTS D'ASPER

D'APRÈS

LE PALIMPSESTE DE CORBIE

FRAGMENTS D'ASPER
D'APRÈS LE PALIMPSESTE DE CORBIE

Æmilius Asper est un des plus anciens grammairiens de l'empire qui aient commenté le texte de Virgile; il a vécu probablement avant Valerius Probus et un peu après Cornutus, le maître de Perse le satirique. Tout ce qu'il est permis de savoir sur son compte se trouve résumé dans les Prolégomènes de M. Ribbeck[1]. Malheureusement, nous ne possédons de ce grammairien que de courts fragments, déchiffrés à grand peine dans des palimpsestes de Vérone et de Paris.

Le fameux palimpseste de Virgile conservé à la bibliothèque capitulaire de Vérone renferme des scholies marginales et interlinéaires publiées en partie d'abord par Angelo Mai[2], puis par M. Henri Keil[3], sous le nom de *scholia Veronensia*, dans lesquelles on rencontre des observations dues à Asper, Cornutus, Haterianus, Longus, Probus, Scaurus, etc.

En second lieu, un célèbre palimpseste de Corbie (puis S. Germain 1278), conservé aujourd'hui à la Bibliothèque nationale de Paris sous le n° 12161, contient quatre feuillets renfermant, sous le texte de S. Jérôme, des observations grammaticales d'Asper, dont M. Keil a publié en 1848 une bonne partie sous le titre de : *Quaestiones Vergilianae*, à la suite de son édition de Probus. Ce sont ces fragments dont j'ai entrepris un nouveau déchiffrement.

Quoique les grammairiens anciens[4] citent souvent Asper, ils ne nous fournissent aucun secours direct pour lire notre palimpseste; leur plan diffère totalement. Peut-être Arusianus Messius avait-il puisé en partie ses *Exempla elocutionum ex Vergilio, Sallustio, Terentio, Cicerone* (t. VII, p. 449-514, Keil) dans les œuvres d'Asper, qui justement avait commenté les œuvres de Virgile, Salluste[5] et Térence; mais il nous reste trop peu d'Asper pour nous permettre de conclure.

---

1. *Prolegomena critica ad P. Vergilii Maronis opera.* Lips. 1867, p. 128-136.
2. *Virgil. interpretes veteres,* Mediolani, 1848, ou *Classici auctores,* t. VII, p. 247 sq.
3. *M. Valerii Probi in Vergilii buc. et georg. commentarius.* Accedunt scholiorum Veronensium et Aspri quaestionum Vergilianarum fragmenta. Halis, 1848.
4. Cf. Charisius, *Gram. lat.* I, p. 140, 3; 196, 23; 209, 6; 215, 6; 216, 25; Priscien, II, 499, 18; 536, 6; III, 489, 36; Pompée, V, 273, 12; Consentius, V, 402, 15; Rufinus, V, 553, 1; 565, 5.
5. Parmi les nombreuses scholies des manuscrits de Salluste, certaines remarques de grammaire pourraient bien être attribuées à Asper.

Les auteurs du *Nouveau traité de diplomatique* ont mentionné plusieurs fois l'important manusorit du fonds S. Germain auquel ils ont emprunté un spécimen d'écriture pour leur planche XLII du tome III. Voici ce qu'ils en disent (t. III, p. 52-53) :

« Le ms. 1278 de l'abbaie de S. Germain des Prés, autrefois de
« Corbie, ne présente à la vue qu'une écriture cursive mérovin-
« gienne, dont le copiste s'est servi pour transcrire, au viie siècle,
« le Catalogue des hommes illustres de S. Jérôme, continué par
« Gennade. Ce livre est un composé de diverses feuilles de mss.
« plus vieux, qu'on a tellement raclées que les yeux les plus per-
« çans n'y découvroient pas la plus légère trace d'anciens carac-
« tères. On y trouve des feuilles ponctuées de points perçans par
« le bas de la page, qui montrent que ces marges inférieures
« étoient latérales dans le plus ancien ms. d'où ces feuilles ont été
« prises, quoiqu'on n'y puisse plus rien distinguer, si ce n'est
« quelques caractères et des lignes menées de haut en bas.
« Lorsque nous parlions de ce ms. dans notre 1er tome [p. 483],
« nous n'avions fait usage que de nos yeux. Mais ayant employé
« depuis des liqueurs revivifiantes, nous avons découvert des
« pages entières où il ne paroissoit pas la plus légère trace des
« anciennes lettres... Il nous sufira de dire ici qu'outre plusieurs
« fragmens du code Théodosien, d'un panégyrique prononcé en
« l'honneur d'un empereur et de l'ancienne édition des loix wisi-
« gothiques, nous avons fait revivre des morceaux considérables
« d'un ancien commentaire d'Asper sur Virgile... »

Ils reviennent encore sur ce sujet (t. III, p. 152-153) :

« L'écriture très élégante et à deux colones de notre Virgile
« d'Asper ne seroit pas indigne du second ou troisième siècle. Elle
« est portée sur des lignes tracées. Ses lettres sont ordinairement,
« du moins en grand nombre, faites à traits détachés. Il y en a de
« minuscules[1] comme l'S et de conjointes comme l'N et le T. Pour
« abreger *que* on met q. et B' ou B. pour *bus*. L'AE se trouve con-
« tinuellement. Par tout l'écriture est onciale, excepté quelques
« titres. Pour marquer les *alinea*, l'écrivain laisse ordinairement
« en blanc l'espace d'un mot. La première lettre est onciale, et
« point plus grande que les autres, si ce n'est en quelques endroits,
« où il laisse un vuide considérable pour les alinea. Tous ces carac-
« tères conviennent aux plus anciens mss. »

---

1. Les Bénédictins me semblent employer ici le mot minuscule dans un sens par-
ticulier, car dans les quatre feuillets, *s* n'a jamais la forme de l'écriture minuscule.
Ils veulent dire sans doute qu'au besoin, à la fin de la ligne, les lettres sont beaucoup plus petites, comme l'*s* ou l'*o* par exemple.

Le ms. 12161 se compose de 119 feuillets (ou **238** pages numérotées) mesurant 0^{m}25 de haut et 0^{m}15 de large. L'écriture mérovingienne employée pour la transcription du *De viris illustribus* de S. Jérôme et du *Catalogus virorum illustrium* de Gennadius remonte bien au VIIe siècle. Les quaternions sont signés A (page 16), B (p. 32), C (p. 48), D (p. 64), E (p. 80), F (p. 96), G (p. 110; — un feuillet a disparu dans ce cahier), H (p. 124), etc.

Les réactifs dont se sont servi les Bénédictins, probablement une liqueur ayant quelque analogie avec le ferro-prussiate, ont donné à toutes les pages un aspect bleuâtre, en sorte que le volume tout entier ressemble aux fragments des discours de Cicéron traités à Turin par Peyron. Mais toutes les pages ne sont point palimpsestes; un certain nombre seulement contiennent une écriture antérieure. C'est ici le lieu de faire une remarque générale. De même que dans le vieux manuscrit de saint Augustin sur papyrus[1], dont une partie se trouve à Paris et une autre à Genève, on a formé chaque quaternion de quatre feuillets de papyrus pliés dans un feuillet de parchemin, de même qu'aux XIVe et XVe siècles, quand on s'est servi du papier, on a souvent employé simultanément le parchemin pour les feuillets du dessus et parfois du milieu de chaque cahier; ainsi, lorsqu'on voulait faire usage de feuillets de parchemin lavés, raclés et présentant, par suite, plus de chances de destruction, on leur adjoignait d'autres feuillets en parchemin neuf. C'est ainsi que, dans le 5e cahier du ms. 12161, sont palimpsestes seulement les pages 65-66, 71-74, 79-80; dans le 6e, les pages 83-84, 85-86, 87-88, 89-90, 91-92, 93-94 (toutes, sauf le feuillet du dessus); dans le 7e, les pages 99-100, 103-104, 105-106; dans le 8e, les pages 113-114, 119-120; dans le 9e, les pages 127-128, 129-130, 133-134 et 139-140, etc,

Pour ne pas sortir des limites de mon sujet, je ne m'occuperai ici que des quatre feuillets relatifs à Asper (pages 99-100, 113-114, 119-120, 127-128). L'écriture est une petite onciale très régulière qui présente les caractères de la plus haute antiquité; les lettres *a, d, e, h, m, q* ont la forme arrondie qui caractérise l'écriture dite onciale, mais le *g* sans queue a conservé l'aspect qu'il présente dans le fragment des Verrines conservé à Turin[2] et dans plusieurs manuscrits de Virgile en capitale[3]. D'ailleurs, il n'est pas prouvé qu'un manuscrit en onciale soit nécessairement postérieur à un

---

1. *Voy. Études sur des papyrus du* VIe *siècle* [par L. Delisle, Rilliet et H. Bordier], Genève, 1866, p. 109.

2. Chatelain, *Paléographie des classiques latins*, pl. 30.

3. Zangemeister et Watterbach, *Exempla cod. latin.* pl. 10, 12, 14, 14 *a*.

manuscrit en écriture capitale, et une page du Sedulius de Turin[1] prouve que les deux écritures s'employaient simultanément. Les découvertes récentes de l'épigraphie en Afrique attestent aussi que l'écriture onciale était employée déjà dans les premiers siècles de l'empire[2]. Rien ne s'oppose en somme à ce qu'on reconnaisse dans ces quatre feuillets un spécimen de l'écriture du IIIe ou IVe siècle de notre ère.

M. Keil avait reçu de Blume un essai de déchiffrement de ces feuillets, tenté par F. H. Knust, et il a eu le grand mérite d'en publier un texte savamment restitué pour les pages 127-128, 119-120, et même dans des passages où la copie était très défectueuse. Mais ce n'est jamais la première fois que le texte d'un palimpseste peut être entièrement déchiffré. Les belles publications d'Angelo Mai ont subi de nos jours d'importantes rectifications. Retrouver les vestiges d'une écriture vieille de quinze siècles, qu'on s'est efforcé de faire disparaître depuis douze cents ans, est un exercice de patience qui réclame le concours de plusieurs générations de travailleurs. Placé dans de meilleures conditions que M. Keil, puisque je pouvais me reporter sans cesse au manuscrit, j'apporte ma contribution au déchiffrement d'Asper; d'autres pourront sans doute y ajouter encore, mais certaines lignes ont perdu toute trace d'écriture et ne pourront être restituées que par divination.

En tête de chaque page se lisait le titre courant : ASPRI (à gauche) ou UERGILIUS (à droite) en lettres capitales très petites. Au contraire les textes des chapitres comme *De interjectione* sont en capitales plus grandes que les lettres onciales du texte. Le feuillet 127-128 a été formé par deux pages du manuscrit d'Asper placées transversalement, et dont on a coupé cinq lignes d'écriture pour les ramener au format du volume. Enfin, à la marge extérieure du feuillet 99-100, on aperçoit quelques lettres provenant d'une page qui a été rognée pour la même raison. De la page 99, M. Keil n'avait rien publié; j'ai donné le peu que j'ai pu voir; cela suffit au moins pour en montrer le contenu[3].

Je dois ajouter, pour ceux qui voudraient essayer des restitutions, que les lettres *o, e, c, d, g* ont laissé dans le manuscrit à peu près

---

1. *Ibid.* pl. 56.

2. L'inscription métrique du moissonneur trouvée à Makter et qui semblait à Ch. Tissot remonter à l'époque des Sévères (cf. *C. rend. de l'Acad. des inscr.* 1884, p. 64-67) contient un bon nombre de lettres onciales.

3. M. Keil, induit en erreur par les notes de Knust, désigne cette page par le n° 101 (op. cit. p. xv-xvi).

les mêmes traces, que les lettres *i, t, l, f* se ressemblent beaucoup, enfin qu'il est souvent difficile de distinguer *N* de *it, il, ti*, ou *m* de *to, ci, id*, etc.

On trouvera ici, en lettres capitales, le texte du manuscrit ligne pour ligne; les passages dont la lecture est incertaine sont en caractères italiques. Au-dessous j'ai placé, en caractères ordinaires, la transcription complétée, afin d'éviter à ceux qui voudront se faire une idée de l'œuvre d'Asper la peine de recourir sans cesse à l'index de Virgile.

Page 113.

UERGILIUS

SATETSUBREMISFUSIFERDURAS. N.

ETINEODEMUERSUETINFRAETPROPE

SUBPEDIB. QUEDEAECL. S. O. T. PROINSIGNI

FICATIONEEIUSQUODESTPRETERANTE

5   UTIPSIINTUSDEXTRAACLEUAPROT. A. ET

PROPROPTERUTPROQUOSISCELERISTA⁻

TANTAESTI. N. ETPROQUOQUE   . *ebo* .

Page 113.   ⟨ DE PRAEPOSITIONE ⟩

. . . .

. . . sat et « Sub remis fusi per dura sedilia nautae » [Aen. V; 837] et in eodem versu et infra et prope : Sub pedibusque deae clipeique sub orbe teguntur. [Aen. II, 227].

PRO. In significatione ejus quod est praeter, ante, ut : Ipsi intus dextra ac laeva pro turribus adstant [Aen. IX, 674]. Et PRO propter, ut : Pro quo si sceleris tanta est injuria nostri [Aen. III, 604] et pro

---

P. 113, 1. La syllabe *sat* est peut-être la fin du vers : Urit atrox Juno et SUB noctem cura recursat [Aen. I, 662]. Cf. Prisc. II, 54, 5.

2. *Infra.* Cf. Diomed. 412, 28, éd. Keil. — *Prope.* Cf. ibid. 413, 1.

4. *Ante.* Cf. Nonius, 523, 6; Charis. 234, 34; Diomed. 414, 15; Prisc. II, 49, 5. — On pourrait lire aussi ANTI, et la locution « in significatione ejus quod est » semble, en effet, s'appliquer à un mot grec; dans ce cas « praeter » serait une glose ou une addition postérieure à Asper.

I. S. MEUIOL. ETPROPORROUTPROSPEXI

ITALIAMSUMMAS. A. U.UTSTYGIAPROS

10 PEXITABU. ETINUOCANDI*uim* . . . . .

IUPPITERIBIT . . . .

DE INTERIECTIONE

INHEUINTERIECTIONE. AD*nit* . . . . .

DIGNUMEST. . . . .

15 INTERPONITQUE. . . . .

MIEORUMPERT. . . . . . . LOQUI

TURUTHEUQUIDAGATQUONUNCRE

GIN. A. F. A. A. ETMISERISHEUPRAESCIALON

GEH. C. A. ETHEUMAGNUMALTERIUS

20 FR. S. A. ETHEUMALETUMMITESDEFEND.

P. U. HEUMALETUMLIBYAES. E. I. A.

DEINDEATTENDENDUSETIAMUSUS

ILLEINTERIECTIONUMQUODQUAE

SUNTSEUERIORESHASINCARMINE

25 GRAUIOREUSURPATUTOETHEUATA

. . . PRO porro, ut : Prospexi Italiam summa sublimis ab unda [VI, 357]. Ut Stygia prospexit ab unda [VI, 385]. Et invocandi *uim* ⟨habet⟩ : Pro Iuppiter! ibit [Aen. IV, 590].

DE INTERJECTIONE

In HEU interjectione a⟨n⟩⟨otatione⟩ dignum est . . . ⟨quod Vergilius⟩ interponit . . . loquitur : Heu quid agat? quo nunc reginam ambire furentem Audeat affatu? [Aen. IV, 283] et Miseris heu praescia longe Horrescunt corda agricolis [XII, 452], et Heu magnum alterius frustra spectabis acervum [G. I, 158], et Heu male tum mites defendet pampinus uvas [G. I, 448]. Heu male tum Libyae solis erratur in agris [G. III, 249].

Deinde attendendus etiam usus ille interjectionum quod quae sunt severiores has in carmine graviore usurpat ut o et HEU, at A

---

8. *Porro.* Cf. Charis. 235, 1; et Diomed. 414, 9, qui donne aussi pour exemples des mots composés de *pro.*

10. *Pro!* Cf. Charis. 235, 7. Prisc. II, 49, 23 et II, 91, 12.

Page 114.

ASPRI

QUODESTHUMILIUSTANTUMINBU

. . . . . . *spcmgregis*

ASILICEINNUDACONIXAREL. ATENEFRI

GORALAEDANTETATIBINETEN. G. S. A. P.

5   AUIRGOIN*felix*Q. T. D. C. AUIRGOINFELIX

T. N. I. M. E.

DE CASIBUS

Qui*autem*PARTESORATIONISEXPLIC*a*

*uolue*RUNTE*a*QUAEBISACC*i*DUN*T*UT

10   . . . . . . *ant*ACASIBUSNO

MINATIUUMPONITPROACCUSATIUO

*cui*MATERMEDIASESET. O. S. PROOBUIA—

*etsensitmedios*DELAPSUSINH. QUAQUE

esteamit . . . .

15   CONTRAACCUSAT. INFERTPRONOMINATI

[P. 114] quod est humilius tantum in bu⟨colicis et georgicis usurpat ut⟩ : Spem gregis a ! silice in nuda conixa reliquit [Ecl. 1, 15].
A ! te ne frigora laedant [Ecl. 10, 48], et A ! tibi ne teneras
glacies secet aspera plantas [Ecl. 10, 49]. A ! virgo infelix, quae
te dementia cepit [Ecl. 6, 47]. A ! virgo infelix, tu nunc in montibus
erras [Ecl. 6, 52].

DE CASIBUS

Qui autem partes orationis explic⟨are⟩ voluerunt ea quae bis
accidunt. . . . . ⟨incho⟩ant a casibus.
Nominativum ponit pro accusativo : Cui mater media sesé tulit
obvia silva [Aen. I, 314], pro « obviam », et Sensit medios de-
lapsus in hostes [Aen. II, 377] . . . .
Contra accusativum infert pro nominativo . . . .

P. 114, 1. L'observation que *a* est une interjection moins noble que *heu* ne
semble pas avoir été faite par d'autres grammairiens. Quoique Asper ne cite point
les exemples des Géorgiques (II, 252 et IV, 526), il est probable qu'il les con-
naissait; c'est pourquoi on peut croire qu'il y avait « in georgicis » à la ligne 2. —
Cf. Prisc. II, 90, 21 : « *A* in bucolico doloris habet significationem. »

8. Sur les changements de cas, voir le livre IX de Nonius Marcellus et Priscien II,
487, 12 et suiv.

14. Peut-être *Quaque ostendit se dextra sequamur* [Aen. II, 388].

```
     UOHICES  .  .   rr.   .  . .  FINIS
     PRO  .  UISNOM. PROUOC. MUSCOSIFO⁻
     TESETSOMNOMOLLIORH. E. Q. U. R. U. T. A. U. COR
     NIGERHESPERF. R. A. A. O. T. SOCERARMA
20   LATINUSH. EQUITEMMESSAPUSINAR.
     E. C. F. C. L. D. C. CONTR.UOC. PRONOM.
     PRINCIPIOITALIAMQUAMTUI. R. P. U. I. P.
     I. P. QUOSDIUERSANAGNIAP. Q. A. P. DAR
     DANIASTRATUSDEXTRAMISERANDEI.
25   TUNEHINCSPOLIISIND. M. E. M. GEN. PRO
```

Page 128, col. b.

```
     . . . . . . . . . . . . .
     . . . . . . . . . . . . .
     . . . . . . . . . . . . .
     . . . . . . . . . . . . .
5    . . . . . . . . . . . . .

     IEOD. IGNARUSRERUMINGRAT. S. CO⁻
```

Nominativum pro vocativo : Muscosi fontes et somno mollior herba Et quae vos rara viridis tegit arbutus umbra [Ecl. 7, 45]. Corniger Hesperidum fluvius regnator aquarum Adsis o tantum [VIII, 77]. Socer arma Latinus habeto [XII, 192]. Equitem Messapus in armis Et cum fratre Coras latis diffundite campis [XI, 464].

Contra vocativum pro nominativo : Principio Italiam quam tu jam rere propinquam Vicinosque, ignare, paras invadere portus [Aen. III, 381]. Quos dives Anagnia pascit Quos Amasene pater [VII, 684]. Dardania stratus dextra, miserande, jaceres [X, 324]. Tune hinc spoliis indute meorum Eripiare mihi [XII, 947].

Genetivum pro [P. **128** b] ⟨ablativo⟩ . . . . in eod⟨em⟩ : Ignarus rerum ingratusque salutis [X, 666].

---

16. On s'attendrait à trouver ici l'exemple : Urbem quam statuo vestra est [Aen. I, 573], cité par Priscien II, 187, 17, mais je n'ai pu en reconnaître les traces sur le manuscrit.

23. *Diuersa* cod. Cette faute est répétée plus loin p. 100, 3.

P. **128**, b. 1-5. Il manque ici cinq lignes contenant des exemples de génitifs employés au lieu d'ablatifs, du moins de la façon dont l'entend Asper.

TRAABL. PROGEN. UTNILUSHAECILLIDIU..

C. P. D. PRODIUINICARMINISSUNTMIHI

BISSEP. P. C. N. ETPULCHRAFACIATTEPR. P.

10   SILUISSCAENACOR. SCOPULISPENDEN

TIBUSANTR. INMENSISORBIBUSA. AUTRA

PIDUSMONTANOF. T. AERECA*uoclip. m.*

G. A.   PULCHROPECTOREUIRGOINMANI

CORPOREPISTRIX*aat* . . . .

15   ROPERMILLECOLORIBUSARCUMINGEN

TIMOLESEPULCH. FLUUIOTIBERINUSAMOE

NON. ENTISEAMFULTIMATO . ACUTA

CUSPIDECONTOS. UI*uo*PRAE*teruue*HOR

*ostia*S. DATPROGENEHOCREGNUM

20   DEAGENT. E. PROGENTIUMNECNONET

PECORIESTIDEMD. E. QUAESITREBUS

FORTUNAUID. OBSTIPUEREANIMISRU

TULIADQUEHOSNEQUAFORENTPEDIBUS

Contra ablauvum pro genetivo : Ut Linus haec illi divino carmine pastor Dixerit [Ecl. 6, 67], pro « divini carminis ». Sunt mihi bis septem praestanti corpore nymphae [Aen. I, 71]. Et pulchra faciat te prole parentem [Aen. I, 75]. Silvis scaena coruscis [Aen. I, 164]. Scopulis pendentibus antrum [Aen. I, 166]. Inmensis orbibus angues [Aen. II, 204]. Aut rapidus montano flumine torrens [Aen. II, 305]. Aere cavo clipeum, magni gestamen Abantis [Aen. III, 286]. Pulchro pectore virgo [Aen. III, 426]. Inmani corpore pistrix [Aen. III, 427] . . . .
. . . . . . Per mille coloribus arcum [V, 609]. Ingenti mole sepulchrum [VI, 232]. Fluvio Tiberinus amoeno [VII, 30]. . . .
. . . . . Acuta cuspide contos [V, 208]. Vivo praetervehor ostia saxo [Aen. III, 688].

Dativum pro genetivo : Hoc regnum dea gentibus esse [Aen. I, 17], pro « gentium ». Nec non et pecori est idem dilectus equino [G. III, 72]. Quae sit rebus fortuna videtis [Aen. II, 350]. Obstipuere animis Rutuli [IX, 123]. Adque hos ne qua forent pedibus vestigia rectis [VIII, 209].

---

7. *Nilus* (au lieu de *Linus*) es. .... lisible dans le ms.

U. R. DATIUUMPROACC. COGEREDONEC
25　　OUESSTAB. N. R. HOCESTINSTAB.

Page 127, col. a.

. . . .
. . . .
. . . .
. . . .
5　　. . . . .

DAFNISETARMENEIASC. S. T. I. SETTAME⁻
IDEMOLIMCUR. S. S. PORTUQUESUBIMUS
CHAONIOQUODNECCONCUBITUINDUL
G. NAMQUEALIAEUICTUINU. TEQUEASPEC
10　　TUNESUBTR. N. FORTERATISCELSIC. C. S.
HAERENTINFIXIPECTOREUULT. ETCOR
POREINHAERETMENSAGITATMOLEM
ETMAGNOSECORPOREM. MAGNUSALITMAGNO
C. C. F.
15　　ACC. PRODAT. MELICEATCASUSMISERARI
INSONTISAMICI　　　ATTENDENDA

Dativum pro accusativo : Cogere donec oves stabulis nume-
rumque referri [Ecl. 6, 85], hoc est « in stabula ».　　[P. **127** *a*]
〈Ablativum pro dativo . . . . 〉
Daphnis et Armenias curru subjungere tigres Instituit [Ecl. 5,
29]. Set tamen idem olim curru succedere sueti [Aen. III, 541].
Portuque subimus Chaonio [Aen. III, 292]. Quod nec concubitu
indulgent [G. IV, 198]. Namque aliae victu invigilant [G. IV, 158].
Teque aspectu ne subtrahe nostro [VI, 465]. Forte ratis celsi
conjuncta crepidine saxi [X, 653]. Haerent infixi pectore vultus
[Aen. IV, 4]. Et corpore inhaeret [X, 845]. Mens agitat molem et
magno se corpore miscet [VI, 727]. Magnus alit magno commix-
tus corpore fetus [G. II, 327].

Accusativum pro dativo : Me liceat casus miserari insontis
amici [Aen. V, 350].

P. **127**, *a*. 1-5. Cf. Non. p. 501, 22 : Ablativus pro dativo.
6. *Armeneias* cod.

INCASIBUSUARIADECLINATIOCUMMO

DOEUANDRUSAITMODOEUANDER

EUANDRUSPARITERP. T. I. PALLASEUAN

20 DERINIPSISO. S. O. SICETNAMTIBITHYM

BRECAPUTE. A. E. DAUCIALARIDETHYM

BERQUES. P. SICETEXANIMUMETEX

ANIMEMPRAETEREAIACETEXANI

MUMT. C. A. LAEUOPRAESSITPEDETA

25 LIAFATUSEXANIMEMR. I. P. B. I. Q. N. IBI

Page 127, col. b.

. . . .

. . . .

. . . .

. . . .

5 . . . .

RIUMQUEPATERR. H.

PLURALECONTRAPONITPROSINGULARIUNU

MORODESISTEMANUMC. T. NONUNIUER

SISTROIANISSEDUNIAENEAEEURYALUS

10 FALERASRHAMNETISETA. B. C. T. R. D. O. L. Q.

M. D. H. C. I. A. C. I. S. M. D. H. N. P. M. B. R. P. P. NAM

Attendenda in casibus varia declinatio, cum modo « Euandrus » ait, modo « Euander » : Euandrus pariter, pariter Trojana juventus [Aen. VIII, 545]. Pallas, Euander, in ipsis omnia sunt oculis [X, 515]. Sic et : Nam tibi, Thymbre, caput Euandrius abstulit ensis [X, 394]. Daucia Laride Thymberque, simillima proles [X, 391]. Sic et « exanimum » et « exanimem » : Praeterea jacet exanimum tibi corpus amici [VI, 149]. Laevo pressit pede talia fatus Exanimem, rapiens inmania pondera baltei Impressumque nefas [X, 495]. Ibi . . . . [P. 127 *b*]. ⟨Singularem pro plurali ponit⟩ . . . . . . Imperiumque pater Romanus habebit [IX, 449].

Plurale contra ponit pro singulari : Unum oro, desiste manum committere Teucris [XII, 60], non universis Trojanis sed uni Aeneae. Euryalus phaleras Rhamnetis et aurea bullis Cingula, Tiburti Remulo ditissimus olim Quae mittit dona hospitio cum jungeret absens Caedicus, ille suo moriens dat habere nepoti,

RUTULOSPOSUITPRORUTULORUMREGE
DEINDEATTENDENDUMQUODQUAESINGU
LARITERTANTUMGRAMMATICIEXISTI
15　　MANTENUNCIANDAEFFERTPLURALI
TERUTEXERCETEUIRITAUROSS. H. C. HOR
DEUMENIMDICENDUMPUTANT. ETAT
SITRITICEAMINMESSEMR. F. E. H. ETFLU
UIOSQUEMINISTRANTFERRAQUEETUE
20　　REFABISSATIO　　　　ETUINABONUS
QUAEDEINDEC. O. A. ETMELLAQUEDECUS
SITFOL. CONTRAQOMNINOPLURALI
TEREXISTIMANTDICISINGULARITER
UTACTORISAURUNCISPOLIUMETQUO
25　　NUNCTURNUSOUATSPOLIOG. P.

Page 128, col. a.

. . . .
. . . .
. . . .
. . . .
5　　　　　. . . . . . . *gpba.* ANT. . . .

Post mortem bello Rutuli pugnaque potiti [IX, 359-363], nam « Rutulos » posuit pro Rutulorum rege.

Deinde attendendum quod quae singulariter tantum grammatici existimant enuncianda effert pluraliter, ut Exercete, viri, tauros, serite hordea campis [G. I, 210] ; « hordeum » enim dicendum putant. Et : At si triticeam in messem robustaque farra Exercebis humum [G. I, 219], et Fluviosque ministrant Farraque [G. III, 126], et Vere fabis satio [G. I, 215], et Vina bonus quae deinde cadis onerarat Acestes [Aen. I, 195], et Mellaque decussit foliis [G. I, 131].

Contra quae omnino pluraliter existimant dici, singulariter ut Actoris Aurunci spolium [XII, 94], et Quo nunc Turnus ovat spolio gaudetque potitus [X, 500] . . . . [P. **128** *a*].

GULARITERETNUNCIATURHOCTEURE⸗

ADISTATAPRIOREREQUODIBIPLURALI

TERFICTAGRAMMATICIBARBARAUO

CANTATHICDICUNTOM. TERNAQUAE

10 TRANSIERINTR. H. S. HUICCONTRARIUS

ESTUIDIEGOMETDUOD. N. C. C. N. P. M. M.

M. R. :. A. F. A. S. DUOENIMIBIPOSUITPRO

BINISQUODNONDUOSSOLOSCYCLOPS

ADFLIXITSEDBINOS. PRAETEREANON

15 NEGLEGENDUMUBIPROPOSITOSINGULA

RITAMENPLURALITEROCCURRIT

QUODUMHABEATPLURALEMUTPARS

AUTEMPOSITOSURGUNTD. S. PARSIN

FRUSTRASECANTU. T. F. PARSSTUPETIN

20 NUPTAED. E. M. E. M. M. E. UNDIQUEUI

SENDISTUDIOTR. I. C. F. R. C. I. C. EXIN

⟨sin⟩gulariter et nuntiatur. Hoc theorema distat a priore re, quod ibi pluraliter ficta grammatici barbara vocant, at hic dicunt omnes : Ternaque transierint Rutulis hiberna subactis [Aen. I, 266]. Huic contrarius est : Vidi egomet duo de numero cum corpora nostro Prensa manu magna medio resupinus in antro Frangeret ad saxum [Aen. III, 623]; « duo » enim ibi posuit pro « binis », quod non duos solos cyclops adflixit sed binos.

Praeterea non neglegendum, ubi proposito singulari tamen pluraliter occurrit quod ⟨sens⟩um habeat pluralem, ut : Pars autem posito surgunt de semine [G. II, 14]. Pars in frusta secant veribusque trementia figunt [Aen. I, 212]. Pars stupet innuptae donum exitiale Minervae Et molem mirantur equi [Aen. II, 31]. Undique visendi studio Trojana juventus Circumfusa ruit certantque illudere capto [Aen. II, 63].

P. 128, col. a. 9. Le ms. porte om., abréviation d'*omnes* assez rare, mais qui se rencontre quelquefois dans les vieux mss., par exemple dans le ms. 281 d'Einsiedeln, en écriture mérovingienne du VIIIᵉ siècle.
17. *Quodum* cod.
19. *Frustra* cod.

DEATTENDENDAUARIATIOQUAMIN

NUMERISFACITUBIPERMISCETSIN

GULARIAETPLURALIAUTMOLLESILER

25   LENTAEQUEG. P. ETG. C. F. S. ETUTITURINA—

Page 119.

UERGILIUS

TIQUAMSILUAMS. T. A. F. P. P. S. I. S. I. F. T. C. E. R. S. A.

I. M. O. FERROSONATALTABIP. F. E. A. A. S. P. R.

N. C. E. O. S. C. N. P. C. U. G. O. HOCINTERϹXHMATA

ΛΟΓΟΥSUOLOCOREFEREMUSITEMAD

5   NOTANDUMϹXHMAQUODAΛKMANI

KONUOCATURUBIPROPOSITOSINGULA

RIADSUMITURNONSUOLOCOPLURALES

UTESTNOXETTUATESTISDEXTERAQ. N.

L. P. P. ESTENIMORDONOXETTUADEXTRA

10   TESTESSUNTQUODGENUSETABHOME

ROUSURPATINCOMMENTARIISPLURIBUS

EXEMPLISSTRUIMUS   DEINDEUIDE

Exinde attendenda variatio quam in numeris facit, ubi permiscet
singularia et pluralia, ut : Molle siler lentaeque genistae, Populus
et glauca canentia fronde salicta [G. II, 12], et ut : Itur in an-
[P. 119] tiquam silvam, stabula alta ferarum. Procumbunt piceae,
sonat icta securibus ilex Fraxineaeque trabes cuneis et fissile robur
Scinditur, advolvunt ingentes montibus ornos [VI, 179]. Ferro
sonat alta bipenni Fraxinus, evertunt actas ad sidera pinus, Robora
nec cuncis et olentem scindere cedrum Nec plaustris cessant
vectare gementibus ornos [XI, 135]. Hoc inter σχήματα λόγου suo
loco referemus. Item adnotandum σχῆμα quod Ἀλκμανικὸν vocatur,
ubi proposito singulari adsumitur non suo loco pluralis, ut est :
Nox et tua testis dextera quod nequeam lacrimas perferre parentis
[IX, 239]. Est enim ordo : Nox et tua dextra testes sunt. Quod
genus et ab Homero usurpatum in commentariis pluribus exemplis
struimus.

P. 119, 1. L'abréviation sᴛ de *stabula* a été regardée par le copiste comme
formant deux mots.
7. *Plurales* cod.
11. *Usurpat* cod.

AMUSQUOMODONUMERETINCIPITAUTE⎯

ANUMERODUPLICIBISCONATUSERAT

15   CASUSE. I. A. B. P. C. M. TERCONATUSIBICOLLO

D. B. C. T. F. C. M. E. I. QUATERIPSOINLIMINE

POR. S. A. U. S. Q. A. D. OTERQUEQUATERQUE

BEATICENTUMQUAEABEOTURAEC.

A. TECTUMAUGUSTUMG. C. S. C. UIDIHEC

20   UBAMCENTUMQ. N. QUOLATIDICUNT

ADITUSC. O. C. NYMPHASQUESORORESCEN

TUMQ. S. C. Q. F. S. NONMIHISILINGUAEC. S.

O. C. TERCENTUMTONATORED. TERCEN

TUMNIUEIT. D. I. QUAMMILESSECUTAE

25   H. A. H. G. O. PERMILLECOLORIBUSARCUM

Page 120.

ASPRI

DE GENERALIBUS ET SPECIALIBUS

NUNCQUEMADMODUMGENERALIBUS

ETSPECIALIBUSUTATUROSTENDAMACPRI

Deinde videamus quomodo numeret. Incipit autem a numero duplici : Bis conatus erat casus effingere in auro, Bis patriae cecidere manus [Aen. VI, 32]. Ter conatus ibi collo dare brachia circum, Ter frustra comprensa manus effugit imago [Aen. II, 792 et VI, 700]. Quater ipso in limine portae Substitit atque utero sonitum quater arma dedere [Aen. II, 242]. O terque quaterque beati [Aen. I, 94]. Centumque Sabaeo Ture calent arae [Aen. I, 146]. Tectum augustum ingens centum sublime columnis [VII, 170]. Vidi Hecubam centumque nurus [Aen. II, 504]. Quo lati ducunt aditus centum, ostia centum [VI, 43]. Nymphasque sorores Centum quae silvas centum quae flumina servant [G. IV, 382]. Non mihi si linguae centum sint oraque centum [G. II, 43]. Ter centum tonat ore deos [Aen. IV, 510]. Ter centum nivei tondent dumeta juvenci [G. I, 15]. Quam mille secutae Hinc atque hinc glomerantur oreades [Aen. I, 499]. Per mille coloribus arcum [V, 609].
[P. **120**]   DE GENERALIBUS ET SPECIALIBUS
Nunc quemadmodum generalibus et specialibus utatur osten-

---

18. *Centumquae ab eo turae* cod.

19. Au lieu d'exprimer *ingens* par la lettre initiale I, le copiste a employé un G; il aura confondu dans son esprit les deux syllabes du mot.

20. *Dicunt* cod.

MUMSPECIALIAPROGENERALIBUSPOSI

5 TAUTSPELUNCAEUIUIQUELACUS

ETFR. TEMP. N. A. NECNONETTORRENTEMUN

DAMLEUISI. A. M. P. PASCUNTURUEROSIL

UASE. S. L. PASCITURINMAGNASILAFORMO

SAIUUENCAIUUATISMARABACCHOA. O.

10 M. U. T. ACUELUTINGENTISILAS. T. ILLASDU

CITAMORTRANSG. T. S. A. CONTRAGENE

RALIAPROSPECIALIBUSPONITETSIMILI

FRONDESCITU. M. PROAUROUIRIDEM

Q.ABHUMOCONUEL. S. PRORAMOALITIS

15 INPARUAES. C. F. Q. Q. I. B. A. C. D. N. S. MISITAUI

SIMILISQUAEC. L. C. P. S. H. U. A. I. DEIN

SPECIEMPROSPECIEPONITESTMIHIDIS

PARIBUSSEPT. C. C. F. PROCALAMIS

SILUESTREMTENUIMUSAMM. A. QUOS

dam. Ac primum specialia pro generalibus posita, ut Speluncae vivique lacus et frigida Tempe Non absunt [G. II, 469]. Nec non et torrentem undam levis innatat alnus Missa Pado [G. II, 451]. Pascuntur vero silvas et summa Lycaei [G. III, 314]. Pascitur in magna Sila formosa juvenca [G. III, 219]. Juvat Ismara Baccho ⟨Conserere⟩atque olea magnum vestire Taburnum [G. II, 37]. Ac velut ingenti Sila summove Taburno [Aen. XII, 715]. Illas ducit amor trans Gargara transque sonantem Ascanium [G. III, 269].

Contra generalia pro specialibus ponit : Et simili frondescit virga metallo [Aen. VI, 144], pro auro. Viridemque ab humo convellere silvam [Aen. III, 24], pro ramo. Alitis in parvae subitam collecta figuram Quae quondam in bustis aut culminibus desertis Nocte sedens [XII, 862]. Misit avi similis quae circum litora circum Piscosos scopulos humilis volat aequora juxta [Aen. IV, 254].

Dein speciem pro specie ponit : Est mihi disparibus septem compacta cicutis Fistula [Ecl. 2, 36], pro calamis. Silvestrem tenui musam meditaris avena [Ecl. 1, 2]. Quos neque Tydides

---

P. **120**, 9. Le copiste a omis un C. entre *Baccho* et a

20   NEQUETYDIDESN. L. A.   PROPHIO

TAADQUEILLISTELLATUSIASPIDEF. E. E.

ALPINIBOREAEFRUCFLUCQUAEATROS

AQUILONES. ATQUEUTINAMREXIP

SENOTOC. E. A. A. GENERIINFERTSPECI

25   EMPURPUREUSUELUTICUMFLOSS. A.

Page 99.

UERGILIUS

. .		. . . .
. .		. . . .
. .		. . . . . . o . . .
. .		. . . .
. .	5	INC. . . . .
. .		SENIOR. .EX . . . . . .
. .		ESTEAQ . . . .
CO		. . . .
. . ,		,. . . . . , ...
N	10	BANEEOMNINO*inbatieuidi* . . .
EA		. . . .
OD		. . . .

nec Larissaeus Achilles [Aen. II, 197], pro Phtiota. Adque illi stellatus iaspide fulva Ensis erat [Aen. IV, 261]. Alpini Boreae [Aen. IV, 442]. Et Fluctusque atros Aquilone secabat [V, 2]. Atque utinam rex ipse Noto compulsus eodem Adforet Aeneas [Aen. I, 575].

Generi infert speciem : Purpureus veluti cum flos succisus aratro [IX, 435].

[P. 99] ⟨DE VERBIS . . . .
Verba activa pro neutris usurpantur . . . .

---

20. *Phiota* cod.

22. *Frucflucquae*, au lieu de *fluctusque*. Le ms. que le copiste avait sous les yeux

       FLUC
portait peut-être FRUCTUSQUAE.

P. 99. Cette page est fort obscure. On voit cependant qu'Asper traitait ici de la syntaxe du verbe dans Virgile. Enfin la dernière ligne permet de rectifier la première de la page suivante.

. .		RO . . . . , .
DO		NOUUSPERPECTORA*cunctisinsinuat*
. .	15	*pauo*R. . . . .
A		BANT*tunc*. . . . .
M		SUMANT . . . .
. .		DUNT . . . .
DA		CONTRANEUTRAP*oss*. . . . *pro*
NUS	20	. . . .
IQUE		FULM*m.e*. . . . . . .
ON		IN*emean*. . . . .
OR		RUMP*iten*INTERD*um*. . .*eairnon*
DO		PRON . . . .
RA	25	. . . . . . DUMPERSONATAEQUO

Page 100.

ASPRI

	RACONCHAHAUDMOR*a*FESTINANT	IN
	FLENTESCERBERUSHAE~~CING~~. LAT	H
	R. R. T. P. PARSPEDIB. PLAUDUNTC. DIUER	IN
	SINACCESSOSUBISOLISF. L. A. R. C. MAR	DA
5	TICURRUMQUEROTASQUEUOLUCRES	U
	INST. HAECPATERA*eoliis*PROP. D. L. O.	N

Tum vero tremefacta⟩ novus per pectora cunctis Insinuat pavor [Aen. II, 228]. . . . .
　Contra neutra possunt ⟨poni pro activis⟩. . . . .
. . . . Dum personat aequo-
[P. 100] ra concha [Aen. VI, 171]. Haud mora festinant flentes [Aen. VI, 177]. Cerberus haec ingens latratu regna trifauci Personat [VI, 417]. Pars pedibus plaudunt choreas [Aen. VI, 644]. Dives inaccessos ubi Solis filia lucos Assiduo resonat cantu [VII, 12]. Marti currumque rotasque volucres Instabant [VIII, 433]. Haec pater Aeoliis properat dum Lemnius oris [VIII, 454]. Et

---

19. Cf. Prisc. I, 378, 14.

23. Peut-être : Unde altus primum se erumpit Enipeus [G. IV, 368]?

P. **100**, 1. *Raconcha* (et non *Racinoha*, comme on lit dans Keil). — Les mots « Tum jussa Sibyllae » qui sont réclamés par le sens, puisqu'il s'agit de prouver le sens transitif de « festinant », ne se trouvent pas dans le ms.

3. *Diversa* cod. Voy. plus haut la note de 114, 23.

	ETPULCHRAMPROPERETPERULN. MR	IL
	T. FORMONSAMRESONEREDUCES	DIT
	A. S.	PR
10	ETMUTATASUOSREQUIERUNTF. C.	ITE
	NUNCNEMORAINGENTIUENTO	N
	NUNCLITORAPLANGUNT.	TIO
	DEINDEADNOTANDUMQUODUERBUM	SIN
	UERBOIUNGITUTILLEMEASERRA	T. N.
15	REBOUESU. C. E. I. L. Q. U. C. P. A. DAPA	QO
	TERHOCNOSTRISABOL. D. A. ETTUDAS	AF
	EPULISACCUMBERED. *meumdans*	DE
	T. REG. A. F. TESTORCARADEOSETTEG. T. D.	FE
	C. M. I. A. A. DASTERNERECORPUSLORI	ITE
20	CAMQUEMANUU. L. R. UTNEQUESER	N
	UITIOMEEXIRIELICEBATIAMPRIDE⁻	CA
	AMEILLOSABDUCERETHESTYLISORAT	DIE
	PARCITEOUESNIMIUMPROCED. N. B.	ITE
	R. C. DEDERATQUECOMAMDIFF. U. QUAM	LIN
25	QUAMANIMUSMEMINISSEHORRET	RI

pulchram properet per vulnera mortem [IX, 401. Formonsam reso-
nare doces Amaryllida silvas [Ecl. 1, 5]. . . . .
. . . . Et mutata suos requierunt flumina cursus [Ecl.
8, 4]. Nunc nemora ingenti vento nunc litora plangunt [G. I, 334].
Deinde adnotandum quod verbum verbo jungit, ut Ille meas
errare boves, ut cernis, et ipsum Ludere quae vellem calamo per-
misit agresti [Ecl. 1,9]. Da, pater, hoc nostris aboleri dedecus
armis [XI, 789], et Tu das epulis accumbere divum [Aen. I, 79].   .
. . . . Testor, cara, deos et te, germana, tuumque
Dulce caput, magicas invitam accingier artes [Aen. IV, 493]. Da
sternere corpus Loricamque manu valida lacerare revulsam [XII,
97], ut Neque servitio me exire licebat [Ecl. 1, 40]. Jampridem a
me illos abducere Thestylis orat [Ecl. 2, 43]. Parcite, oves,
nimium procedere, non bene ripae Creditur [Ecl. 3, 94]. Dederatque
comam diffundere ventis [Aen. I, 319]. Quamquam animus memi-
nisse horret [Aen, II, 12].   ÉMILE CHATELAIN.

---

8. *Resonere duces* cod.

Paris. — Imp. polyglotte A. Labouret, passage Gourdon, 6.

Original en couleur